L'ESPRIT DES PRÊTRES,

OU

LA PERSÉCUTION

DES FRANÇAIS EN ESPAGNE,

DRAME

EN TROIS ACTES ET EN VERS;

Avec la Procession de l'Auto-da-fé !

PAR le Citoyen PREVOST-MONTFORT, Officier d'Administration des Colonies.

Représenté à Paris, sur le Théâtre de la Cité, Variétés, le 9 de Nivôse.

Prix, 1 liv. 10 fols.

Le Ciel qui du limon a créé tous les êtres,
Le trempa dans le fiel pour en former les Prêtres.
Jennabos.

A PARIS,

De l'imprimerie de CAILLEAU, rue Gallande, N.° 50. 1794, *vieux style.*

L'an second de la République Française.

ÉPITRE

Aux Membres de la Société Républicaine de Rochefort.

FRÈRES ET AMIS,

Si faibles qu'elles foient, chacun doit à fa Patrie le tribut des lumières que le ciel lui a données en partage : c'eft dans cette perfuafion que j'ai compofé cet Ouvrage ; daignez en agréer l'hommage. C'eft un enfant de Rochefort, c'eft au fein de votre fociété que j'ai puifé les principes qu'il renferme. S'il peut vous être agréable & fervir à l'inftruction de mon pays, je ferai trop récompenfé de l'avoir entrepris.

Je fuis avec cordialité, frères & amis ; votre Concitoyen.

PREVOST MONTFORT.

A 2

PERSONNAGES. ACTEURS.
Les Citoyens.

RHUM père, Français.   *Chevalier.*

Dom RHUM, fils de Rhum, Espagnol.   *S t Clair.*

Dom CARLOS, ami de dom Rhum.   *Varenne.*

ROSELLE, femme de dom Rhum.   *S.t Clair.*

Dom LUCE, grand Inquisiteur.   *Roseval.*

Dom GERLE, Inquisiteur.   *Duval.*

PONSIN, homme d'affaires de Rhum.   *Delaporte.*

BELIS, suivante de Roselle.   *Pelissier.*

Un GEOLIER.   *Baroteau.*

Un SERGENT.   *Bisson.*

Un ESPAGNOL.   *Hippolite.*

Un CONFESSEUR.   *Lemair.*

PEUPLES.

SOLDATS.

MOINES de différens Ordres.

La Scène est à Cadix.

Je, soussigné, déclare avoir cédé au Citoyen Cailleau, les droits d'imprimer & de vendre, L'ESPRIT DES PRÊTRES, OU LA PERSÉCUTION DES FRANÇAIS EN ESPAGNE, DRAME, EN TROIS ACTES ET EN VERS, sans préjudice de mes droits d'Auteur que je me réserve selon l'article de la loi, sur les Théâtres auxquels je donnerai le droit de la représenter. A Paris, ce duodi 2 pluviôse. l'an second de la République.
                   PREVOST-MONTFORT.

L'ESPRIT DES PRÊTRES.

DRAME.

ACTE PREMIER.

*Le Théâtre repréſente un Sallon de l'appartement
de dom Rhum.*

SCÈNE PREMIÈRE.

PONSIN, *ſeul.*

Que j'ai lieu chaque jour d'aimer mon exiſtence !...
Oh ! la bonne maiſon ! & combien, quand j'y penſe,
Je dois bénir le ciel qui m'a conduit ici !
J'y ſuis fêté, choyé, bien vêtu, bien nourri,
Et ſur-tout fort aimé du maître & de ſa femme ;
Il eſt ſi galant homme, elle ſi brave dame :
Ils ſont riches ; leurs biens, qu'en dehors faſtueux,
Tant d'autres emploieraient, ſont pour les malheureux ;
C'eſt là leur ſeul plaiſir, & leur plus grand délice,
C'eſt de pouvoir du ſort réparer l'injuſtice
Sur ces pauvres enfans, frères infortunés,
Qui toujours pour ſouffrir ſembleraient être nés :

Enfin, je ne leur fçais qu'un défaut, celui d'être
Trop bons, trop confians aux faux difcours d'un prêtre,
Qui, depuis quatre mois qu'ils fuivent fes avis,
A bientôt de chez eux chaffé tous leurs amis,
Jufqu'à dom Carlos même...

SCENE II.

PONSIN, BELIS.

PONSIN, *appercevant Belis.*

EH ! bon jour, ma mignonne ;
Toujours belle & charmante, & fur-tout toujours bonne !
BELIS.
Allons des complimens....
PONSIN.
Tu me connais trop bien,
Pour croire un feul inftant que je ne dife rien
(*En montrant fon cœur.*)
Que je ne fente là.
BELIS.
J'en fuis sûre.
PONSIN.
A mon âge,
A quoi me fervirait de faire l'étalage
De mots bien recherchés, bien vifs, bien femillans,
Pour dire à ma Belis que fes yeux font charmans :
En ferais-je plus jeune ?... Oh ! non, &, pour te plaire,
Ces frivoles difcours ne me ferviraient guère :
Tu veux de la franchife.... Eh bien ! ton viel amant
Te répète en deux mots qu'il t'aime bonnement ;
Tu m'as promis ta main, & mon cœur te rappelle
Que depuis bien long-tems, je foupire après elle ;
Quel jour fixeras-tu pour cet hymen heureux ?
Dis ?

BELIS, *tendant la main à Ponsin.*

Touche-là.

PONSIN.

Quoi!

BELIS.

Oui, dès demain, si tu veux;
Ce n'est pas d'aujourd'hui que l'amitié nous lie;
Mais c'est par d'autres nœuds que je veux être unie
Ma bouche en ce moment te confesse ma foi,
Je n'eus d'autre desir jamais que d'être à toi;
C'est l'amour seul qui parle & malgré les années,
Que le ciel, plus qu'à moi, bon ami, t'a données:
Je ne ferai que suivre, en acceptant ta main,
L'impulsion d'un cœur tout entier à Ponsin.
A demain.

PONSIN. *avec joie*

A demain; en attendant, ma bonne,
Je te prends un baiser.

(*Il l'embrasse.*)

BELIS.

C'est le cœur qui le donne.

PONSIN.

Il en est bien plus doux, & pour récompenser
L'aveu que tu m'en fais, je vais recommencer.

(*Il l'embrasse une seconde fois.*)

SCENE III.

Dom LUCE, PONSIN, BELIS.

Dom LUCE., *qui a vu Ponsin embrasser Belis.*

CONTINUEZ... Pas mal... Eh! mais... je vous admire
Je suis désespéré d'être venu vous nuire;
Bonnement, Mons Ponsin, du train dont vous allez,
Il est vraiment fâcheux de vous avoir troublés;
Et vous, la Signora, n'avez-vous point de honte!...

BELIS,

Eh ! de quoi, s'il vous plaît ?...

Dom LUCE.

Ah ! de quoi? c'eſt un conte;

Non, non, je n'ai pas vu ces baiſers ſi charmans :

Mais vous me permettrez d'en parler en ſon tems.

J'ignore ſi dom Rhum ou bien votre maitreſſe

Voudront ſouffrir chez eux ces excès de tendreſſe;

Leur vertu m'eſt connue, & leur intention

N'eſt pas de voir filer l'amour dans leur maiſon.

PONSIN.

Et ſi nous nous aimons...

Dom LUCE.

La choſe eſt aſſez claire;

Pour s'en appercevoir, il n'eſt pas néceſſaire

De tant ſe tourmenter;

BELIS.

Vraiment ?

Dom LUCE.

On n'a beſoin

Que de vos doux tranſports d'être un inſtant témoin;

Mais, mais, mais, c'eſt fort bien: que voulez-vous qu'on

dise ?

De voir deux amoureux s'embraſſer à repriſe.

BELIS,

Mais au moins un inſtant écoutez ...

Dom LUCE.

Non, non, rien,

Si Roſelle & dom Rhum tous deux le veu'ent bien;

Ce n'eſt pas moi qui dois y trouver à redire :

Sont-ils ici ?...

PONSIN.

Dom Rhum eſt ſorti pour s'inſtruire

Du nouveau bruit qui court au ſujet des Français;

Dom LUCE.

C'était pour ce motif auſſi que je venais.

Roſelle la verrai-je ?...

BELIS.

Elle eſt ſeule enfermée...

Dom LUCE.

Seule!..

BELIS.

Seule, & je crois qu'elle sera charmée
De trouver ce moment pour vous entretenir.

PONSIN.

Entrez.

Dom LUCE.

Voici l'inflant, ah! fçachons le faifir.

SCENE IV.

PONSIN, BELIS.

PONSIN.

QUE ce dom Luce eft bien un homme abominable!
Un de ces méchans noirs qui trouvent tout blamable,
Et qui, portant fur eux le mafque des vertus,
Prêchent des fentimens que jamais ils n'ont eus.

BELIS.

Tu dis la vérité; pour moi, ce qui m'étonne,
C'eft dans cette maifon de trouver fa perfonne;
Et quand on n'y reçoit que les feuls bonnes gens,
De voir la porte ouverte à ce moine en tout tems.

PONSIN.

Hé! pour la lui fermer, comment pourrait-on faire;
Ici la monacaille eft tout, & lui déplaire,
C'eft vouloir dans fon fein attirer fon poignard;
La noirceur eft toujours dans le cœur du caffard;
Il ne pardonne point: une fois offenfée,
Son ame à fe venger eft toujours empreffée:
A combattre fouvent, on craint n'en avoir qu'un,
Quand on devrait favoir qu'entr'eux tout eft commun;
Et que pour s'affermir, tous ont fu fi bien faire,
Que qui bleffe l'un d'eux, bleffe la fecte entière.
Né de pauvres parens, d'un pere infortuné,

Je n'ai que le bon sens que le ciel m'a donné ;
Mais ces moines pervers, sans bien des connaissances,
Je les ai démêlé dans tant de circonstances,
Que, sans en omettre un, je sçais apprécier,
Que le dernier n'en vaut pas mieux que le premier.

SCENE V.

Dom CARLOS, BELIS, PONSIN.

Dom CARLOS, frappant sur l'épaule de Ponsin dont il a entendu le dernier vers.

BIEN dit, mon cher Ponsin, bien dit, c'est s'y connaître,
Et de tous ces coquins, voilà parler en maître.

BELIS.

Quoi ! dom Carlos aussi serait de son avis
Sur les Prêtres ?...

Dom CARLOS.

Moi ? oui ; je n'ai rien vu de pis :
Ce sont des vers rongeurs que l'enfer en colère,
Entretient parmi nous, pour désoler la terre ;
Aucun d'eux n'eut jamais l'accès d'une maison,
Sans bientôt y porter la désolation,
Et sans qu'aux faux propos, sa bouche accoutumée,
N'ait promené par-tout sa langue envenimée.
Aussi je les déteste au suprême degré ;
Et si j'ai jamais rien ardemment désiré,
C'est de voir à la fin ces perfides reptiles,
Au sein de mon pays ne plus trouver d'asyles.
C'est tout prêt d'arriver : lassé de leurs forfaits,
Je verrai l'Espagnol imitant le Français,
Rassembler dans un lieu les Moines & les Prêtres,
Et, par-delà les mers, envoyer tous ces traîtres.

BELIS.

Hé quoi ! dom Luce aussi ?...

Dom CARLOS.

         Lui le premier de tous,
Et je croirais encor lui faire un sort trop doux ;
Vous ne connaissez pas tous deux cet hyppocrite,
Ni les affreux projets que ce monstre médite.

PONSIN.

Comment ?....

BELIS.

    Voyons...

Dom CARLOS.

         Depuis que vous êtes ici,
Toujours de la maison vous m'avez vu l'ami ;
Je l'étais de dom Rhum dès la plus tendre enfance,
Et le fus de sa femme après leur alliance :
Cet hymen assorti, que j'avais apprêté,
Semblait même ajouter à notre intimité,
Quand dom Luce, aux dépens du bonheur de ma vie,
Vint dans cette maison porter la zizanie.
Dès le premier moment que Rosette le vit,
Ce fourbe aliéna contre moi son esprit,
Et dans le cœur de Rhum, s'il ne put me détruire,
Au moins prit-il sur lui ce que j'avais d'empire.
N'importe où, je l'ai dit, un Moine met le pié,
Il y brise bientôt tous les nœuds d'amitié ;
Rien n'est sacré pour lui, tout le monde est sa proie,
Et plus il fait de mal, plus il montre de joie.
Jamais il ne rendrait un service gratuit :
S'il vous offre les siens, le crime le conduit :
Il faut qu'il en ait un en tête, pour qu'il puisse
Dans vos malheurs vous tendre une main protectrice ;
Son cœur, dans tous les tems, avare de pitié,
Ne fut jamais guidé par la seule amitié :
Il veut toujours un prix, & c'est, s'il vous oblige,
De vous, pour récompense, un forfait qu'il exige :
Je les connaissais tous, & pour les écarter,
De mon pouvoir ici j'avais su profiter :
Inutiles efforts ! malgré tout, ce vampire,
Sut trouver le moyen ici de s'introduire :

Cette engeance perfide eſt comme le ſerpent
Qui, par-tout s'inſinue & ſe gliſſe en rempant.

PONSIN à *Belis.*

C'eſt bien vrai.

Dom CARLOS.

Vous jugez des maux qu'il m'a pu faire,
En m'enlevant les cœurs d'une famille entière.

BELIS.

Le ſcélérat !

Dom CARLOS.

Eh bien ! je lui pardonnerais,
Si ce mortel affreux, pour prix de leurs bienfaits,
Au ſein de mon ami, de ſa femme chérie,
Ne s'apprêtait encore à porter l'infamie.

(*A Ponſin, en lui remettant une lettre.*)

Tiens, lis; j'en ai la preuve écrite de ſa main.

PONSIN *lit.*

« A dom Gerle : bonjour, mon cher, je ſuis enfin
» Sur le point d'arriver, au but de mon intrigue,
» Contre moi, dans ces lieux, envain chacun ſe ligue :
» Je ſçaurai triompher; les plus forts pas ſont faits,
» Un jour de plus la femme eſt dans mes intérêts :
» Un certain dom Carlos pourrait encor me nuire : »

Dom CARLOS à *Ponſin qui l'a regardé.*

Oui, c'eſt moi.

PONSIN *lit.*

Dès ce ſoir je le fais éconduire.

BELIS.

Au mieux.

PONSIN.

« Je t'écrirai demain, s'il plaît à dieu,
» J'aurai tout terminé, porte-toi bien, adieu:
» Dom Luce...

Dom CARLOS. à *Belis.*

Que dis-tu de ce ſtyle ?...

BELIS.

Admirable.

PONSIN.

Mais de tous les forfaits, un Moine eſt donc capable !

Avoir sçu de dom Rhum éloigner son ami!
Le monstre! & lui vouloir ravir sa femme aussi.

BELIS.

L'infâme!

Dom CARLOS.

C'est un Moine, en un mot, c'est tout dire.
Rien ne lui eut coûter, pour tromper, pour séduire:
Lisez le post scriptum ..

BELIS *prenant la lettre.*

Voyons: « à mes desseins,
» Si je ne parviens pas, j'ai des moyens certains,
» Je les employerai tous, pour contenter ma flamme,
» Et l'époux est perdu si je n'obtiens sa femme.

Dom CARLOS.

Lût-il rien de semblable ?....

PONSIN.

Ah, l'infernal esprit!

Dom CARLOS.

Vous saurez en son tems d'où me vient cet écrit;
C'est par un de ces coups que le hasard fait naître,
Et qui servent souvent à démasquer un traître.

BELIS.

Eh, que prétendez-vous à présent ?...

Dom CARLOS.

A dom Rhum
Remettre ce billet, sur-tout le post scriptum :
Je sçais qu'il est sorti, chez lui je vais l'attendre,
Et vites aux moyens que nous avons à prendre.

SCENE VI.

PONSIN, BELIS.

PONSIN.

QUELLE source de crime ! ô ciel ! & le soleil
Peut encore éclairer l'œil d'un monstre pareil!

J'entends du bruit... C'est lui, qui sort de chez Roselle.

BELIS *avec précipitation.*

Nous avions oublié qu'il était avec elle !...
Je cours à ma maîtresse...

(*Belis entre dans l'appartement de Roselle, en laisse la porte ouverte.*)

SCÈNE VII.

Dom LUCE, PONSIN.

PONSIN, *à part.*

IL a l'air interdit ;
Je crois voir sur son front la honte & le dépit :
Ce Caffard insolent, qu'un fol amour enflamme,
Peut être a découvert les replis de son ame...
Qui sçait ?... Ce Moine affreux a-t-il déjà voulu...
Mais il aura senti ce que peut la vertu :
Tout décèle, tout peint le trouble qui l'accable :
On n'a point cet air-là quand on n'est point coupable :
Abordons-le... Dom Luce ici dine-t-il ?

Dom LUCE *Durement.*

Non.

PONSIN.

Vous verra-t-on au moins ce soir à la maison ?

Dom LUCE.

Peut être :

PONSIN.

Vous avez l'ame toute abattue ;
Qui cause vos chagrins ?... Serait-ce l'entrevue,
L'entretien desiré que vous sortez d'avoir....

Dom LUCE..

Que dis-tu ?

PONSIN.

Rien ; eh ! quand pourra-t-on vous revoir ?

Dom LUCE.

Que t'importe ?

PONSIN.

Faut-il dire votre visite
A dom Rhum ?

Dom LUCE.

Ma visite ?...

PONSIN.
Oui ;

Dom LUCE.

Non, je t'en tiens quitte.

PONSIN.

Si je sçavais en quoi vous servir ?

Dom LUCE.

Laisse-moi ;
Je ne sçaurais souffrir tes services ni toi.
Vas-t-en...

PONSIN *s'en allant.*

Le fait est sûr ; cet accueil sent le crime,
Et le crime qui vient de manquer sa victime...
Allons à dom Carlos...

————————————

SCENE VIII.

Dom LUCE *seul.*

SUIS-JE assez outragé !
Et de me taire encor je me vois obligé.
Dom Luce était-ce là cette illustre victoire,
Ce triomphe certain dont tu t'étais fait gloire ?
Eh ! tu pourrais laisser ce refus impuni ?
Ce serait le premier... Ma vengeance est ici.

(*Il montre son cœur.*)

Cherchons, pour la servir, la route la plus sûre ;
Mettons tout en usage, & jusqu'à l'imposture.

Le mari juftement eft Français : je dis plus,
Déjà fes fentimens ne font que trop connus :
Je fuis fûr de mon fait ; fon heureufe imprudence
A publié trop haut les principes de France :
Le peuple qui nous craint, avec avidité,
L'a fouvent entendu prêcher l'égalité :
Dans l'efprit de ce peuple il a fouvent fait naître
Le defir effrené de n'avoir plus de maître...
J'en aurai des témoins, j'en forgerais plutôt,
Et je le deviendrai moi même, s'il le faut :
Rien ne doit me coûter pour venger mon offenfe,
J'avais jufqu'à ce jour fu garder le filence :
Le feu dont je brûlais m'en faifait un devoir)
De ce filence-là je veux me prévaloir ;
L'amitié que dom Rhum reçoit de fon époufe
Eft un tourment de plus pour ma flamme jaloufe ;
Oui, je veux qu'il périffe, & fans plus de raifon,
Je cours le dénoncer à l'inquifition.
Il vient.... Eloignons-nous.

S C E N E   IX.

R H U M *feul.*

JE l'ai dit : oui, le riche
Un jour devra fa perte au luxe qu'il affiche ;
Vraiment, j'en fuis confus ; croirait-on un inftant
Ce que je viens de voir... Un freluquet pimpant,
Bien jeune, bien frifé, tout vain de fa parure,
Seul au fond d'un carroffe outrageant la nature,
Suivi de trois valets, de ce fafte orgueilleux,
Semble infulter encore au fort des malheureux :
Voit-on l'égalité dans ce fier étalage ?
Eh ! c'eft d'avoir banni cette égalité fage
Que découle aujourd'hui la fource de fes maux,
Les hommes en naiffant ne font-ils pas égaux ?

Le

Le ciel en difpenfant les diverfes fortunes,
N'avait-il pas le but de les rendre communes ?
Le riche, avec fon or, ferait-il donc heureux,
S'il ne portait au pauvre un fecours généreux ?
Non, jamais de hauteur ; le monde entier eſt frère,
Et c'eſt bleſſer le ciel que penſer le contraire.

SCENE X.

Dom RHUM, Dom CARLOS, PONSIN.

Dom R H U M *d'un air froid.*

A H ! bonjour, dom Carlos : (*à Ponſin*) dom Luce eſt-il
ici ?

P O N S I N.

Il eſt venu tantôt !

Dom R H U M.
Oui !

P O N S I N.
Mais il eſt forti.

Dom R H U M.
ne l'aurait-il rien prié de me dire ?

P O N S I N.

Rien du tout.

Dom R H U M.

Mon efpoir commence à fe détruire
Après tant de retard, puis-je encore, en ces lieux,
Me flatter d'embraſſer un père malheureux ?
Je n'ai jamais voulu vous en faire un myſtère ;
Vous ſçavez tous que j'eus un Français pour mon père :
Loin de le renoncer, je dois m'en faire honneur,
Auſſi fuis-je Français de naiſſance & de cœur :
Je fçais que c'eſt un nom qu'ici l'on perſécute,
C'eſt un titre de plus pour que je le difpute.
Pour le voir triompher, je braverais la mort,
Et je me trouverais trop heureux de mon fort :

B

Mais je voudrais au moins, en perdant la lumière,
Dans le sein paternel, terminer ma carrière.
Depuis un an bientôt qu'il m'écrit de Paris
Qu'il quitte ce climat, pour embrasser son fils,
De l'auteur de mes jours, hélas point de nouvelles!
Devrait-il son trépas à son amour fidèle?
Et pour la République & pour la liberté
Sur la frontière, ô dieux, l'aurait-on arrêté?
Pour prix de ses vertus, dans un profond abîme,
Les traîtres auraient-ils enfoncé leur victime?
Tant d'autres ont péri de leurs bras criminels,
Que je puis craindre tout de ces monstres cruels!

Dom CARLOS.

Sçais-tu bien les connaître, & la secte perfide
Qui fait des Espagnols un peuple fratricide?

Dom RHUM.

Oui, les nobles d'abord, qui tous fiers de leur sang,
Tremblent de voir un jour anéantir leur rang;
Et les Prêtres, ami, trop long-tems nos sang-sues,
Et dont la France vient d'abattre les statues....
Il en est un pourtant...

Dom CARLOS.

Eh! quelle est ton erreur?
C'est le pire de tous qui possède ton cœur!
Celui qui m'enleva l'estime de ta femme
Et la tienne... Qui sçait...

Dom RHUM.

La mienne!

Dom CARLOS, *en donnant à Dom Rhum la lettre*
de Dom Luce.

Lis:

Dom RHUM.

L'infâme!
Croirai-je qu'il ait pu former un tel projet?...

PONSIN.

Il a déjà voulu consommer son forfait.

SCENE XI.

ROSELLE, Dom RHUM, Dom CARLOS,
PONSIN, BELIS.

ROSELLE, *avec force, de la porte de son appartement
d'où elle sort avec Belis.*

OUI.

Dom RHUM.

Dieux !

ROSELLE.

J'en tremble encor:

Dom RHUM.

Quoi ! sa scélératesse...

ROSELLE.

Avait été jusqu'à compter sur ma faiblesse.

Dom RHUM.

Me voir ainsi trahi ! je reste confondu...
Moi qui de bonne foi, croyais à sa vertu !....

Dom CARLOS.

Souvent le plus coupable en fait le plus paraître,
C'est pour mieux nous tromper....

Dom RHUM.

He ! c'était là le Prêtre,
Que des autres j'avais eu dessein d'excepter,
Sur qui d'eux aujourd'hui pouvons-nous donc compter?

BELIS.

Sur aucun.

Dom CARLOS.

Vous devez en avoir la mémoire:
Si dès le premier jour vous m'eussiez voulu croire,
Ce fourbe sur ses pas ne fut pas revenu ;
Mais dans le tems, de vous je n'ai rien obtenu:
C'était à vos regards l'homme par excellence;
Vous ignoriez que tous ont pour eux l'apparence ;

B 2

Je vous le dis pourtant, c'est un moine, il suffit :
« Méfiez-vous de lui ; plus il montre d'esprit,
» Plus vous semblez aimer son air simple & modeste,
» Plus vous devez trembler qu'il ne vous soit funeste : »
C'est un serpent glacé, qu'au lieu de réchauffer,
Vous devriez plutôt vous hâter d'étouffer :

BELIS.

Que vous dépeignez bien cette race maudite !

PONIIN.

Je ne suis plus surpris si ce vil hypocrite
Vous craignait tant...

ROSELLE.

Et moi, j'ai pu vous soupçonner !
J'ai pu, sur ses discours....

Dom CARLOS.

Faut-il s'en étonner ?...
Le cœur facilement croit à la calomnie...
C'est un poison sucré qu'on boit jusqu'à la lie.
Plus il est dangereux, plus il nous semble doux,
Et moins on se peut mettre à l'abri de ses coups ;
Le clergé le sçait trop ; c'est par l'art de médire,
Qu'il a de tous les tems maintenu son empire ;
Mais venons à dom Luce .. En sortant de ces lieux,
Le trouble, la fureur étaient peints en ses yeux ;
Comptez que pour vous perdre il n'est rien qu'il ne
    trame :
Cet écrit montre assez la noirceur de son ame :
Vous êtes né Français, vous l'en avez instruit,
Croyez bien que le traître en fera son profit :
Vous sçavez trop qu'ici son pouvoir est extrême ;
Comptez qu'il l'emploiera...

BELIS.

Qui sçait si déjà même...

PONSIN.

Fuyez,

Dom RHUM.

Eh ! mon épouse...

ROSÉLLE.

A te suivre par-tout,
Crois que, sans balancer, Roselle se résout:
Si j'ai pu partager ton bonheur, ta fortune,
Ton adversité doit me devenir commune:
Les malheurs de dom Rhum doivent être les miens;
Je m'en fis un devoir, en serrant nos liens;
Et le jour qu'aux autels, ma foi te fut donnée,
Je fis serment de suivre en tout ta destinée:
Du ciel qui nous unit telle est la sage loi...
Vas, de m'y conformer, c'est un plaisir pour moi:
Fuyons; en quelque lieu que soit notre retraite,
Si je t'y vois content, je serai satisfaite;
Je n'ai d'autre regret, en quittant mon pays,
Que d'y laisser encor tant de cœurs endurcis,
Et mon seul déplaisir, en perdant l'opulence,
C'est de ne pouvoir plus secourir l'indigence;
Fuyons en France, aux lieux où tu reçus le jour:
Hâtons-nous d'arriver dans ce libre séjour;
C'est ta patrie à toi, si ce n'est pas la mienne,
J'aurai souffert assez pour qu'elle le devienne:
Les ennemis jurés des Prêtres & des Rois,
Pour entrer dans son sein, n'ont-ils pas tous des droits?

PONSIN.

Nous vous y suivrons tous.

SCENE XII.

LES PRÉCÉDENS; UN SERGENT, SOLDATS,

LE SERGENT.

Est ici la demeure
De dom Rhum?

ROSELLE.

Ciel!...

B 3

Dom R H U M.
C'eſt moi, que voulez vous ?
LE SERGENT.

Sur l'heure
Il vous faut comparaître au ſacré tribunal.
PONSIN.
Le monſtre ! il a déjà porté le coup fatal.
LE SERGENT, *montrant l'ordre.*
Marchons.
Dom R H U M *aux ſoldats.*

Ne craignez pas, infâmes ſatellites,
Agens du deſpotiſme, & ſes vils proſélites ;
Non, non, ne craignez pas de me voir échapper :
Je ſçais que c'eſt ſur moi que vous voulez frapper :
Je dis plus, oui, je ſçais d'où la foudre eſt partie ;
C'eſt le comble du crime & de la frenéſie :
Vous devriez pourtant connaître les mortels,
Dont vous oſez ſervir les projets criminels :
Combien de fois, hélas ! aux cris de leur vengeance,
Avez-vous ſous vos coups fait tomber l'innocence ?
Il vous faudrait un cœur auſſi dur qu'un rocher
Pour faire tant de mal ſans vous le reprocher.
ROSELLE.
Oh ! non, plus d'une fois en ſervant l'impoſture :
Vous avez entendu la voix de la nature.
Vous n'auriez pu toujours, ſans ſentir de remords,
De ces moines cruels ſeconder les efforts.
Dom CARLOS.
Hé quoi ! vous leur parlez de remords à ces traîtres,
Eh mais s'ils en avaient ſerviraient-ils des Prêtres ?

ROSELLE.
Ah ! paix, paix...
LE SERGENT.
C'eſt aſſez endurer, ſuivez-nous.
ROSELLE.
Barbares ! vous pourriez m'enlever mon époux ?
Ah ! plutôt dans ſes bras, permettez que j'expire ;
Helas ! qu'en ma faveur, la pitié vous inſpire...

Je tombe à vos genoux, au nom du Dieu puissant,
Au nom de son épouse, au nom de son enfant :
   (*En montrant son sein.*)
Il est là ; je l'entends, qui du sein de sa mère,
Vous semble demander la grace de son père.

Dom RHUM.

Roselle, chère épouse...

LE SERGENT, entraînant dom Rhum.

    Allons, plus de retard.

Dom RHUM, montrant Roselle.

O ciel ! à son état, daignez avoir égard....
Que je l'embrasse au moins...

LE SERGENT.

    Non.

(*Les soldats entraînent Dom Rhum : Ponfin & Belis,
conduisent Roselle évanouie dans son appartement.*)

SCÈNE XIII.

Dom CARLOS, <i>seul.</i>

VOILA bien les Prêtres !
Sans pitié, sans honneur ! Et c'étaient là nos maîtres !
Et moi ! dans un cachot je verrais enterrer
Son époux innocent, sans vouloir l'en tirer :
Je verrais mon ami, succombant sous le crime,
Sur l'échaffaut peut-être expirer sa victime ;
Non, non, s'il doit périr, je connais mon devoir ;
Cherchons tous les moyens qui sont en mon pouvoir,
Pour dérober sa tête au fer de l'injustice.
Je sçais que pour lui tendre une main protectrice,
Je risquerai mes jours ; qu'il pourrait m'arriver
De trouver le trépas en voulant le sauver.
Si l'existence, eh bien, me doit être ravie,
Qui meurt pour son ami, perd sans regret la vie.

Fin du premier Acte.

ACTE SECOND.

*Le Théâtre repréfente un noir cachot de l'inquifition,
un pilier au milieu, & pour tout meuble un banc
& une pierre.*

SCENE PREMIÈRE.

RHUM, père feul.

TROP cruelle exiſtence ! ah !... quand finiras-tu ?...
Depuis dix mois entiers que je ſuis deſcendu
Dans cet abîme affreux, ſéjour de la miſère,
Je n'ai pu découvrir un rayon de lumière !
Encore, avant d'entrer dans ces épaiſſes nuits,
Si je m'étais trouvé dans les bras de mon fils :
Si j'avais pu revoir, content dans ſa patrie,
Ce gage précieux d'une épouſe chérie !
Oui, c'était pour mourir dans ſes embraſſemens
Que j'accourais ici couler mes derniers ans ;
Et ! le ciel ne veut pas que ſa main tutélaire,
La main de mon enfant me ferme la paupière !
Cruel deſtin ! on ouvre, & ſur ſon triple gond,
J'entends gémir les fers qui ferment ma priſon.

SCENE II.

LE GEOLIER, RHUM, père.

LE GEOLIER.

ALLONS, ſortez d'ici ;
RHUM, père.
De moi que veut-on faire ?

LE GEOLIER.

Rrien que de vous donner une chambre plus claire
Où vous pourrez jouir de la clarté du jour.

RHUM, père.

Eh ! pourquoi me tirer de ce triste séjour ?
Qu'importe ma prison ; ah ! s'il faut que je meure,
Que ce lieu soit plutôt ma dernière demeure !
Il est depuis long tems témoin de mes douleurs ;
En me faisant sortir pour me conduire ailleurs,
C'est un nouveau supplice, hélas, que l'on m'apprête !
je n'aurai plus la pierre où reposait ma tête :
Mes mains ne pourront plus embrasser ce pillier,
Où mon corps tant de fois est venu s'appuyer.
Ce mur, ou sans y voir, je gravais mes misères,
Mes doigts n'y pourront plus tracer de caractères :
Je ne sentirai plus, après un court sommeil,
Ce banc que j'inondais de pleurs à mon réveil :
Hélas ! dans son cachot, l'affreuse solitude,
Apprend à se former des plaisirs d'habitude !

LE GEOLIER.

Vous serez beaucoup mieux, vous dis-je ; allons, mar-
chons,
Je n'ai pas le loisir d'écouter vos raisons.
  (A part.)
Je n'en finirais pas, (haut) quittez cette retraite,
Sortez d'ici, sortez, faut-il que je répète ?
Allons, cédez la place à votre successeur ;

RHUM, père.

Un successeur ici !... Dans ce lieu plein d'horreur !

LE GEOLIER.

C'est le plus noir cachot, le plus profond sous terre,
Et vous ne le quittez que pour qu'on l'y transfère :

RHUM père.

Eh ! quel est donc son crime ?...

LE GEOLIER.

Il faudrait le sçavoir

Pour le dire :

RHUM, père.

Quoi ?....

LE GEOLIER.

Non : moi je fais mon devoir.
J'ignore le motif qui m'amène un coupable ;
Le chef parle, il suffit, je suis inexorable.
    (*Il le conduit vers une porte opposée au côté par lequel*
il est entré.)
Là, par ici... Venez... A gauche... Encore... Bon.:.
Voyez si vous perdez en changeant de prison :
Adieu...

SCENE III.

LE GEOLIER, *il ferme la porte sur Rhum, & va*
ouvrir celle d'entrée.

MAIS ce vieillard faisait le difficile !
Et puis ses questions... Oh! qu'il soit plus docile,
Sinon...

SCENE IV.

LE GEOLIER. Dom RHUM.

LE GEOLIER, *à Dom Rhum.*

VOUS, avancez ; voici votre logis :..
Si vous vous conduisez... Vous m'entendez... Je puis?
Rendre de tems en tems votre prison moins dure....

Il ne dit rien,... Tenez, (*lui montrant du pain & de l'eau*)
c'eſt votre nourriture.
Demain, à pareille heure, il vous en vient autant.
Bon ſoir.

SCENE V.

Dom RHUM ſeul.

C'EST donc ici, qu'en attendant l'inſtant
Où les traîtres voudront aſſouvir leur furie,
Je dois, hélas! traîner ma malheureuſe vie:
Mais, perfides, tremblez; votre règne inhumain,
Votre horrible pouvoir bientôt touche à ſa fin;
Le crime n'a qu'un tems, le jour de la lumière
Eſt tout prêt d'arriver, tremblez, la terre entière
Vous connaîtra dans peu vous & tous vos forfaits;
Vous êtes tous perdus, & perdus pour jamais.
Vers ces lieux, à grands pas, la liberté s'avance;
Vous ſçavez les progrès qu'elle a fait dans la France:
Elle renverſe tout; malgré quelques revers,
On la verra bientôt régner ſur l'univers;
Quelqu'un ici s'avance, à quoi dois-je m'attendre;
Serait-ce mon arrêt que l'on viendrait m'apprendre?
Non, ce n'eſt point pour lui que Rhum plaindrait ſon ſort,
Quand on a le cœur pur, on ne craint point la mort:
Mais, ma femme... O Roſelle!... O toi qui m'es ſi chère,
Pourrais-tu ſupporter l'excès de ta miſère?...
Non, non, jamais.

SCENE VI.

Dom GERLE, *Inquifiteur*, Dom RHUM.

Dom GERLE *au Geolier.*

ALLEZ, il fuffit, laiffez-moi ;
Dom RHUM, *à part.*
Que me veut-on encor ?...
Dom GERLE.
                  Fait pour prêcher la foi.
Près de vous je remplis mon devoir...
Dom RHUM.
                    C'eft un Prêtre !
Quelle fatalité ! n'importe où l'on puiffe être ;
Ces gens-là font donc faits pour nous perfécuter ?
Qu'attendez-vous de moi ?...
Dom GERLE.
                  Je viens vous apporter
Les confolations, qu'en fon malheur un frère,
Doit toujours efpérer de notre miniftère.
Dom RHUM.
Des confolations ?...
Dom GERLE.
              Sans doute : envers le ciel,
Vous vous êtes rendu fciemment criminel ;
Je n'avancerai point que je vous crois coupable,
Que le fait eft prouvé... Mais tout eft pardonnable :
Le ciel eft jufte & bon ; fi grands que foient vos torts,
Vous le verrez toujours fenfible à vos remords :
Avouez les moi tous ; c'eft pour vous faire grace,
Qu'il m'envoie en ces lieux pour occuper fa place.
Dom RHUM.
Pour les faibles efprits, réfervez votre foin,
Alors qu'on fçait penfer on n'en a pas befoin ;

Le Dieu qui nous créa, le Dieu qui nous fit naître,
Autrement que le mien a-t-il formé votre être
Pour oser vous permettre en son nom tout-puissant,
De venir insulter à mon cruel tourment ?...
Quand vous a-t-il doué de ce pouvoir suprême
Que vous vous arrogez pour l'égaler lui-même ?
Pour vous en revêtir, quand ce Dieu d'équité,
S'est-il donc départi de son autorité ?...
Cette vertu du ciel qui vous est émanée,
Dites-vous, dans quel tems vous l'a-t-il donc donné.

Dom GERLE.

Vous ne l'ignorez pas, si vous croyez en lui,
Êtes-vous de ma foi ?...

Dom RHUM.

Si tu crois au bien, oui;
Si n'écoutant jamais que la seule justice,
Tu chéris les vertus & déteste le vice:
Si, ne formant des vœux que pour la liberté,
Tu portes dans ton cœur la sainte égalité:
Si de tous tems, sensible au cri de la nature,
Tu prends part aux tourmens qu'un malheureux endure;
Si, lui prêtant par-tout un généreux secours,
Tu te plais de sa vie à protég.r le cours:
Si ton cœur libre enfin ne connaît plus de maître,
Si... je m'égare, ô ciel! j'oubliais qu'il est Prêtre.

Dom GERLE.

Eh quoi! vous m'outragez; mais pour vous en vouloir,
Je sçais à quel excès porter le désespoir;
A vous tout pardonner, la charité m'oblige,
Je le fais de grand cœur & mon devoir l'exige;
Mais je demande au moins qu'avec attention
Vous accordiez l'oreille à mes conseils.

Dom RHUM.

Non, non.
Je n'en veux point de vous; pour faire croire aux vôtres,
Il vous faudrait au moins donner l'exemple aux autres.
Voilà ce que jamais vous n'avez entendu;
Vous pratiquez le vice en prêchant la vertu.

Eh ! comment voulez-vous , à vos difcours docile ,
Que jamais fur fa foi le Peuple ne vacile?
Sur fa religion peut-il compter , hélas !
Quand c'eft vous les premiers qui ne la fuivez pas?
Comment trouvez-vous même encor des profélites,
En faifant l'oppofé de tout ce que vous dites?
Allez, je fçais de vous ce qu'il me faut penfer,
A toutes vos leçons vous pouvez renoncer :
Votre préfence ici redouble ma fouffrance,
Sortez , portez ailleurs votre vaine affiftance.

Dom G E R L E.

Je ne me contiens plus... J'ai bien pu tolérer
Vos injures d'abord ; mais c'eft trop endurer.
C'eft moi dans ce moment qui vous prends à partie,
Vous infultez le ciel, craignez pour votre vie.
C'eft affez: je vous quitte, & de notre entretien,
Dom Gerle au tribunal fçaura n'omettre rien.

SCENE VII.

Dom R H U M *feul.*

D O M Gerle; ah! l'infâmie: eh! c'était fon complice
Que dom Luce envoyait : jufques à quand le vice,
Outrageant la vertu fous des mafques trompeurs,
Aura-t-il donc le droit de nous prêcher les mœurs?
(*On entend des coups de marteau contre le mur.*)
Eh! mais j'entends frapper !.. c'eft quelque miférable
Victime d'une race inflexible , exécrable....
Approchons; c'eft delà que les coups font partis ;
De mortels innocents ces cachot sfont remplis !...
O qui que vous foyez , qui dans ces lieux peut-être
Jouiffez à regret du jour qui vous fit naître ,
Vous , qu'une race impie , un pouvoir odieux,
A près de moi plongé dans ces cachots affreux,
Parlez , racontez-moi vos ennuis & vos peines;
Ah! parlez, vos douleurs feront bientôt les miennes:

Si pour les malheureux, il est encore un bien,
Hélas! de leurs tourmens, c'est le triste entretien...
On ne me répond pas, & le bruit continue....
Il croît... L'infortuné, pour se faire une issue,
S'efforce de percer l'épaisseur de ces murs;
Mais en trouverait-il ici de moins obscurs.
C'est pour sa liberté qu'il travaille sans doute,
Sans doute en le faisant, il s'en croit sur la route,
Chère & cruelle erreur! quand il réussirait,
C'est un cachot qu'encor son œil découvrirait:
Il l'ignore... Il espère... Eh bien cette espérance,
Ranime encore en lui sa funeste existence...
Il cesse....

SCENE VIII.

RHUM père, Dom RHUM.

RHUM père *dans son cachot.*

CIEL! témoin de mes maux infinis,
Serais-je assez heureux pour retrouver mon fils?

Dom RHUM.

Quelle voix! si c'était.. Comment?...

RHUM père *dans son cachot.*

       Toi que j'implore,
Dieu puissant, si c'est lui, que je le voie encore.

Dom RHUM: *Rhum père continue à frapper.*

Oui, oui, c'est lui! mon père... Il recommence... Eh quoi!
Je crois sentir mouvoir le mur auprès de moi:
On en pousse avec force une pierre... Elle tombe,

RHUM père, *sortant par l'ouverture qu'il a faite, & se jettant dans les bras de son fils.*

Est-ce Rhum?...

Dom RHUM.

   Oui, c'est lui,

RHUM père.

C'eft mon fils !.... Je fuccombe

Dom RHUM.

Quoi ! mon père ; c'eft vous que je tiens dans mes bras ?
Je te bénis d'avoir retardé mon trépas.
O ciel ! oui je bénis , en revoyant mon père,
Ces Prêtres inhumains, auteur de ma milère...
Les bénir ! y penfé-je , hélas ! hé ! ce font eux
Qui vous ont fait tomber dans cet abîme affreux :
Non , je jure à jamais, dans le fond de mon âme,
Une haîne implacable à cette race infâme ;
Que leur avez-vous fait à ces Prêtres de fang,
Pour vouloir vous plonger un poignard dans le flanc ?
Dites... eh bien, mon père ; ô ciel ! fa bouche à peîne
Ouvre un faible paffage à fa plaintive haleine.
Être fuprême, ô Dieu ! j'implore ton fecours,
Rends la vie à l'auteur de mes pénibles jours.
Mets fin , Être puiffant, à ma douleur mortelle,
Et fais répondre un père à fon fils qui l'appelle.
Mon père... O mon père .. oui, c'eft moi, c'eft vôtre enfant ;
Je refpire... O bonheur, je fens fon bras tremblant,
Qui, fur fon fein chéri, me preffe avec tendreffe :
Il veut parler.. O Dieu ! feconde fa faibleffe !

RHUM père.

C'eft fa main, c'eft lui, Rhum ! Deftin que je bénis ,
Je fuis encore heureux, j'ai retrouvé mon fils !
Mais c'eft donc pour finir notre carrière enfemble,
Que dans un noir cachot le malheur nous raffemble !

Dom RHUM.

Le malheur ! ah ! mon père, il n'en eft plus pour moi,
Du fort avec plaifir je fubirai la loi.
Je vous ferre en mes bras, & mon âme affermie,
Sans fe plaindre à préfent, terminerait fa vie ;
Mais vous.... Oui, c'eft vous feul qui devez m'occuper,
Aux fers de vos tyrans vous croyez échapper :
Vous leur croyiez bientôt dérober leur victime,
Quand vous creufiez les murs de ce profond abîme ;

Non

R H U M père.

Non, non, c'était pour toi, c'était pour t'embraffer,
Que je fentais alors mes mains fe renforcer :
C'était le feul defir, l'efpoir contre moi-même,
De pouvoir tendrement preffer un fils que j'aime.
Ta voix m'avait frappé, je voulais t'appeller,
Déjà même ma bouche était prête à parler.
Dieux ! quant, à la faveur de la faible lumière,
Qui venait éclairer le cachot de ton père,
Ce fer, cher inftrument qui m'a rendu mon fils
Soudain s'offre à mes yeux dans ces triftes réduits.
Une ouverture était dans le mur commencée,
L'efpoir de l'achever vient frapper ma penfée ;
Juges de mes efforts, je t'avais entendu.
Rhum, & pour retrouver un fils qu'il a perdu,
(Dût-il en l'embraffant terminer fa carrière)
O nature !.. de quoi n'eft pas capable un père ?..

Dom R H U M.

J'entends du bruit, on vient...

R H U M père.

Quoi ! que dis-tu, mon fils ?

Dom R H U M.

On vient, rentrez... Fuyez nos cruels ennemis.

S C E N E I X.

Dom LUCE, Dom RHUM, LE GEOLIER.

Dom L U C E dans la couliffe.

Est-ce ici fa prifon ?

LE GEOLIER.

Oui, Révérendiffime,

Dom L U C E.

Je plains fon trifte fort... Quel peut être fon crime ?
Ouvrez...

Dom R H U M à part.

Dom Luce... O ciel ! Eh quoi ! le fcélérat

C

Ose encore insulter à mon funeste état !
Monstre, que me veux-tu ? dis-moi comment le crime
Ose-t-il se montrer aux yeux de sa victime ?...
Tu ne me réponds pas, tu trembles devant moi :
Mais ton silence parle, & parle contre toi.
Tu préfères te taire à t'entendre confondre.....

　　　　Dom LUCE *avec une douceur affectée.*

A semblable discours, cher dom Rhum, pour répondre,
Il faut que ce soit moi qui l'entende de vous :
Soyez juste, voyons, & jugez, entre nous,
Si je devais entendre, hélas ! de votre bouche,
Ce langage nouveau qui m'étonne & me touche :
Je me rendais chez moi, j'arrive, l'on me dit
Que dans ces noirs cachots l'on vous avait conduit.
Je ne perds pas de tems, & sans plus tard attendre,
Je viens vous assurer de mon amitié tendre.
Vous offrir les secours qui sont en mon pouvoir,
Enfin vous embrasser, vous servir & vous voir.

　　　　Dom RHUM.

Comment peut-on au crime allier l'imposture ?
Toi, vouloir me servir, toi...

　　　　Dom LUCE.

　　　　　　Oui, je vous l'assure.

　　　　Dom RHUM.

Tu le jures encor ?

　　　　Dom LUCE.

　　　　　　Je vous en fais serment.

　　　　Dom RHUM.

Un serment ! comme un Prêtre en abuse aisément !

　　　　Dom LUCE.

Quoi ! vous ne croyez pas qu'à l'amitié fidelle
Je me fasse un devoir de tout tenter pour elle.
Vous ne savez donc pas encore de quel prix
Sont dans l'adversité de sincères amis ?....
C'est dans ce moment seul qu'on les peut reconnaître ;
Les bons restent, les faux on les voit disparaître.
Et quand je viens vous voir en ce fâcheux moment,
Vous ne sauriez douter de mon attachement.

Je veux vous le prouver, que ce baiſer pour gage...
      (*Il va pour embraſſer dom Rhum.*)
        Dom R H U M.

Toi, m'embraſſer! perfide!... O comb'e de l'outrage!
Ah! comme un traître emploie a vec ſécurité
Le ſigne le plus doux de la fraternité!...
Vas-t-en, monſtre, vas-t-en...
        Dom L U C E.

           Ciel! qu'ai-je donc pu faire,
Pour mériter de vous cette injuſte colère?
Eh quoi! vous la pouſſez juſques à rejetter
Sur moi l'excès des maux qu'on vous fait ſupporter.
Moi qui ſuis votre ami...
        Dom R H U M.

        Toi, mon ami! l'infâme!
Tant de forfaits enſemble entrent-ils dans une âme.
        Dom L U C E.

Rhum! Rhum!
        Dom. R H U M.

       Comment le ciel, en formant les mortels,
A-t-il produit au jour de ſi grands criminels?
Ne diſſimule plus, tu ne pouvais t'attendre,
Monſtre, que je ſçaurais ce que je vais t'apprendre:
Cette lettre?...
        Dom L U C E, *à part.*
      Il ſçait tout. (*Haut.*) Eh bien dès ce moment
Je n'ai plus à garder aucun ménagement...
        Dom R H U M.

Traître!
        Dom L U C E, *à part.*
       Si j'écoutais la fureur qui m'anime,
J'aurais bientôt moi-même égorgé ma victime.
        Dom R H U M.

Eh bien
        Dom L U C E, *à part.*
       Après la mort d'un époux tant aimé,
Le cœur de ſon épouſe aiſément déſarmé.
            C

Serait moins insensible au transport qui m'enflâme :
Peut-être parviendrais-je....

DOM RHUM.

À quoi, dis, monstre infâme ?

Dom LUCE.

Qui m'empêche encore ? oui : tiens, de ma main péris.

(*Dom Luce se précipite un poignard à la main sur
dom Rhum, à l'instant dom Rhum pere sort de son cachot, saisit le bras de dom Luce, & s'écrie:*)

SCENE X.

Dom LUCE, Dom RHUM, RHUM père.

RHUM père.

ARRÊTE, monstre, arrête & ménage mon fils.

Dom LUCE.

Dieux ! un autre homme ici ?...

RHUM père.

Oui, cruel, c'est son père.
Je connais à présent son âme sanguinaire.
Vas, j'ai tout entendu ; ton cœur s'est trop ouvert
Pour qu'on ne puisse pas y lire à découvert :
Où donc as-tu puisé tant de scélératesse,
Et ce mélange affreux de crime & de bassesse ?...

Dom LUCE.

Insensé ! connais-tu mon pouvoir en ces lieux ?
Je n'ai qu'à dire un mot, & je vous perds tous deux.

Dom RHUM.

Si j'ai pu m'attirer ton injuste colère,
Barbare, au moins, dis-moi ce que t'a fait mon père.

Dom LUCE.

Ce qu'il m'a fait !

Dom RHUM.

Réponds...

Dom LUCE.

Ce qu'il m'a fait ?...

Dom RHUM.

Oui, dis:

Dom LUCE.

Peux-tu le demander ?... N'es-tu donc pas son fils ?
Puis-je détester l'un sans que l'autre ait ma haine ?
Oui, oui, sur tous les deux mon poignard se promène :
Et si ce n'est pas moi qui doit frapper les coups,
Ce sera moi du moins qui les conduira tous.
Tremblez, ingrats, tremblez ; je cours au saint Office,
Où l'on va prononcer de tous deux le supplice.
Tremblez, craignez l'arrêt du sacré tribunal...

SCENE XI.

RHUM père, Dom RHUM.

RHUM père.

Moi, trembler !... Moi !.. le monstre ! ah ! qu'il nous
   connaît mal !
Vil espagnol qu'il est, perfide & lâche prêtre,
Il nous juge tous deux d'après ce qu'il peut être :
Il ne sçait pas encor ce que c'est qu'un Français,
Un Français d'aujourd'hui qui ne tremble jamais.
Quelque soit le danger qui menace sa tête,
Il attend sans effroi la foudre qui s'apprête :
Elle gronde, il est là, son cœur républicain,
Sur lui la voit tomber d'un air fier & serein.

Dom RHUM.

Que je connais bien là l'auteur de ma naissance,
Et les leçons de lui que reçut mon enfance...
Ces sentimens, ici (*il montre son cœur.*) vous les avez
   gravés :
Quoiqu'éloigné de vous, je les ai conservés ;
Et dans ces lieux soumis au plus noir despotisme,

C 3

Mon cœur librement né, bravant le fanatisme :
Sans craindre le courroux des Prêtres & des Rois,
A, de tous tems, contre eux, fait entendre sa voix.
Même avant que la France, abjurant tous les traîtres,
Apprit au monde entier à se passer de maîtres.
Votre fils, au mépris de leur autorité,
Avait aux Espagnols parlé la vérité ;
Rhum ne trembla jamais, &, s'il pouvait le faire,
Sa vertu renaîtrait à l'aspect de son père.
On ouvre....

SCENE XII.

RHUM *pere*, Dom RHUM, Dom GERLE, *soldats.*

Dom RHUM.

EST-CE déjà notre dernier arrêt
Qu'on vient nous annoncer ? Parlez...
Dom GERLE.
Oui ; qu'on soit prêt
'A nous suivre,
RHUM *pere.*
A l'instant :
Dom GERLE.
Pour une âme sensible,
Voir périr un coupable est un devoir pénible ;
Mais que ne fait-on pas pour mériter le ciel ?
Dom RHUM.
Il me serait aisé de répondre, cruel !...
Je te méprise trop.
RHUM. *pere.*
Oui : dans ce lieu, barbare ;
Seulement, instruis-nous du sort qu'on nous prépare.
A quel genre de mort sommes-nous destinés ?...
Dom GERLE,
'Au feu.... c'est le supplice auquel sont condamnés

Les Français convaincus d'avoir dans ses parages,
Hautement propagé leurs principes peu sages.

R H U M pere vivement.

Peu sages, dites-vous! hélas! s'ils l'étaient moins,
A les tenir cachés, mettrait-on tant de soins?

Dom R H U M.

Oui; c'est parce qu'on sçait leur justice au contraire,
Qu'aux esclaves du trône on s'efforce à les taire.
On craint, qu'en entendant parler la vérité,
Le serf ne veuille après avoir sa liberté.
Dans le cœur de tout homme elle est si naturelle,
Qu'il suffit d'en parler pour qu'on brûle pour elle.
Eh! pourquoi les tyrans & leurs Prêtres cruels,
Voient-ils dans les Français leurs ennemis mortels?
C'est parce qu'en tous lieux l'esprit qui les anime,
Tend à rendre à chacun son pouvoir légitime:
Et qu'en faisant hommage au peuple souverain,
Ils dénoncent les rois à tout le genre humain.
Verrait-on aujourd'hui, ces infâmes despotes,
Contre la France armer leurs soldats & leurs flottes;
Si, d'après son exemple, ils ne craignaient bientôt
D'être pour leurs forfaits conduits à l'échaffaud:
Avant que d'y monter expier tous leurs crimes,
Je sçais bien qu'ils feront des milliers de victimes,
Que bien des innocens périront sous leurs coups..:
Et nous deux les premiers: mais, que fait leur courroux?
Pour servir sa patrie, on doit mourir sans peine!
  (<i>Aux Soldats.</i>)
Amis, de vos tyrans la ruine est prochaine.
Vous sortirez bientôt de votre aveuglement,
Vous les connaîtrez tous, & je mourrai content;
Pourvu qu'on dise un jour, sur ma tombe chérie,
« C'est pour la liberté qu'il a perdu la vie. »
Ainsi pense un Français: marchons...

R H U M pere.

Oui; je te suis:

Je péris glorieux de t'avoir pour mon fils.

Fin du second Acte.   C 4

━━━━━━━━━━━━━━━━━━━━━━━━━━━━━━

ACTE TROISIEME.

Le Théâtre représente une place publique ; d'un côté le Portique des Dominicains, de l'autre la prison de l'Inquisition, au milieu un bûcher prêt d'être allumé.

━━━━━━━━━━━━━━━━━━━━━━━━━━━━━━

SCENE PREMIÈRE.

Dom GERLE, Dom LUCE, PEUPLE.

Dom GERLE au Peuple, avec lequel il sort de l'église des Dominicains.

VERTUEUX défenseurs de l'autel & du trône,
Vous que le roi des rois chérit, affectionne,
Et vous que la bonté sur la terre a choisis,
Pour répandre le sang de tous ses ennemis :
Ecoutez, Espagnols : chargés par tous nos frères,
De maintenir la foi qui nous vient de nos pères,
Nous avons obéi... saintement indigné,
Le sacré tribunal à mort a condamné
Deux destructeurs des loix, deux Français hérétiques,
Accusés, convaincus de discours schismatiques ;
Et d'avoir dans ces lieux, au peuple révolté,
Prêché la licence &....

SCENE II.

Dom CARLOS, Dom LUCE, Dom GERLE,
PEUPLE SOLDATS.

Dom CARLOS, *accourant au dernier vers de Dom Gerle avec d'autres Espagnols.*

Dis donc la liberté.
Ne vous y trompez pas, hypocrites, perfides,
Efclaves odieux, monftres liberticides,
Le concours des vertus, l'amour des faintes loix,
La haine pour les grands, les Prêtres & les Rois;
L'averfion du crime & de la tyrannie;
Eft-ce là la licence, eft-ce là l'anarchie?
Ou n'eft-ce pas plutôt ce que l'Être puiffant
Imprime dans le cœur de tout homme en naiffant:
Eh! pour avoir voulu faire au peuple connaître,
Avec fa dignité la grandeur de fon être,
Monftres, vous difpofez des jours de deux mortels...
    (*Au Peuple.*)
Et vous qui contemplez ces apprêts criminels,
Vous vous permettriez de garder le filence;
Vous pourriez, fous leurs coups, voir périr l'innocence.
Quand il eft averti, le peuple eft-il ou non
Coupable des forfaits qu'on commet en fon nom?
            (*En montrant dom Luce.*)
S'il eft coupable; hé quoi! verrez-vous l'œil du traître,
Des maux qu'il a caufé plus long-tems fe repaître:
Verrez-vous?... Non, l'efpoir eft encor dans mon cœur;
Nous fçaurons dans fa marche arrêter leur fureur...
Le peuple eft né par-tout généreux & fenfible;
Les tyrans l'ont trompé; mais vient un jour terrible,
Un jour de défefpoir, où, reprenant fes droits,
Il les fçaura d'un coup tous détruire à-la-fois.

Ce qu'a fait le Français l'Espagnol peut le faire ;
Si les Rois font ligués pour dévaster la terre,
Les peuples à l'envi le doivent être entre eux,
Pour les exterminer & leurs Prêtres affreux.

Dom LUCE.

Qu'on l'arrête à l'instant.

(On désarme dom Carlos.)

Dom CARLOS *au peuple.*

Quoi ! vous les laissez faire,
Et sourds à mes discours, cette vertu si chère :
La liberté pour vous n'a pas encor d'attraits !
Mais vous voulez donc être esclaves à jamais ?
Ils ne m'écoutent point...(*A dom Luce.*) Ordonne mon
　　supplice,
J'eusse dicté le tien avec plus de justice ;
Mais, quand je vois ramper sous un joug si honteux,
Mourir en homme libre est tout ce que je veux.

(*En montrant les soldats.*)
Par ces serfs avilis ta vie est défendue...
Je préfère la mort à ta sinistre vue.

Dom LUCE.

Eh bien ! tu périras... Sois content & crois moi ;
Dès demain le soleil ne luira plus pour toi.
Un chef de révoltés porte avec lui sa peine,
Ta tête est condamnée & ta perte est certaine ;
Déjà dans un cachot tu te verras plongé ;
Mais je croirais de toi m'être trop peu vengé.
Tes amis à l'instant vont passer sur la place,
Pour aller expier leur criminelle audace...

Dom CARLOS.

Eh bien, barbare !

Dom LUCE.

Eh bien ! sur l'échaffaud, je veux
Te forcer à les voir expirer tous les deux.
Tiens, regarde déjà ton ami qui s'avance...
Téméraire, ôses donc tenter sa délivrance :

Il triomphe !

SCENE III.

Dom LUCE, Dom RHUM, RHUM père, MOINES, SOLDATS, PEUPLE, *formant la marche d'un Auto-da-fé.*

Dom RHUM à *son Confesseur.*

CENT fois je vous l'ai dit, je crois;
Je ne veux point de vous, allez & laissez moi.
Lorsque je vais mourir, est ce votre présence
Qui peut gagner pour moi la divine clémence ?
Non, ne le croyez point : si j'ai blessé le ciel,
C'est mon devoir à moi de fléchir l'éternel ;
Et quelque soient mes torts en vers l'Être suprême,
Je ne dois rendre compte ici-bas qu'à lui-même.
Si pour s'assurer mieux de leur autorité,
Des traîtres imposteurs entre eux ont arrêté
Qu'on ne pourrait de Dieu obtenir l'indulgence,
Si l'on n'avait recours à leur vaine assistance :
Pour mieux semer le trouble & la division,
S'ils ont fait une loi de leur invention;
Si des cœurs jusqu'ici trop simples, trop crédules
Ont pris pour vérité ces fables ridicules :
Est-ce un droit pour vouloir que moi qui sçait penser
A tant d'absurdités je puisse m'abaisser ?
Non, non, jamais, jamais...

LE CONFESSEUR *de Rhum pere.*
                    Plus prudent & plus sage,
Au moins je vous verrai m'écouter d'avantage.

RHUM *pere.*
Pas plus que lui,

LE CONFESSEUR.
          Mon frère, y songez-vous ? eh quoi !
Voulez-vous que l'enfer....

RHUM *père.*

L'enfer est avec toi,
Ou, s'il en est un autre, un mortel sans reproche,
Ne le redoute point, quoique sa fin approche :
Le ciel, après leur mort, ne peut pour ses enfans,
Quand ils ont bien vécu, préparer des tourmens :
Croyez que ce n'est point, quand il les a fait naître,
Pour qu'ils soient malheureux, qu'il leur a donné l'être.
Si j'ai pu l'offenser, il me pardonnera,
Et je n'ai nul besoin de tes soins pour cela.
Ma prière suffit ; un repentir sincère,
Fait bientôt à son fils ouvrir les bras d'un père.
J'adresse mes regrets à l'auteur de mes jours ;
C'est en Dieu que mon ame a toujours eu recours.
Je n'espère qu'en lui ; je prise trop mon être,
Pour croire au vain pouvoir que s'attribue un Prêtre :
Un homme n'est qu'un homme, & vouloir qu'il soit plus,
C'est à des yeux sensés le plus grand des abus.

Dom LUCE.

O blasphème inoui ! comble de l'hérésie !
(*Au Peuple & aux Soldats.*)
Vous venez de l'entendre....

LE SERGENT ET LE PEUPLE.

Au supplice l'impie :
Au supplice ;

Dom RHUM.

Marchons ; Peuple aveugle, égaré,
Ces Moines sçavent bien te conduire à leur gré !
Je lui pardonne tout... O ciel ! que ta lumière
Puisse enfin l'éclairer... Embrassons-nous, mon père.

_____

SCENE IV.

LES PRÉCÉDENS : ROSELLE.

ROSELLE *accourant dans les bras de dom Rhum.*

ARRÊTEZ.

Dom RHUM,
Ciel ! que vois-je ?

ROSELLE.

Oui, j'accours dans tes bras,
Je viens avec transport partager ton trépas.
Si ces tigres sanglans, au nom de l'innocence,
Ont osé refuser d'entendre ta défense.
Rien ne peut m'empêcher de périr avec toi:

Dom RHUM.

Que fais-tu, malheureux? & ton enfant, dis-moi,
Ce fruit de notre amour...

ROSELLE.

J'oubliais.. je suis mère;
Hélas! l'infortuné ne verra pas son père?

RHUM pere.

Ma fille!

Dom RHUM.

Jour affreux!...

Dom CARLOS au Peuple.

Voyez couler leurs pleurs;
Attendrissez-vous donc au cri de leurs malheurs.

ROSELLE.

Pourriez-vous regarder d'une âme indifférente
Une épouse, une mère à vos yeux expirante,
Qui vient vous demander, au nom du monde entier,
Justice des Bourreaux prêts à sacrifier
Son époux innocent, un mortel dont le crime
Est d'être le soutien de celui qu'on opprime:
Et d'avoir sçu montrer, en toute occasion,
Sa haine pour les rois & l'inquisition:

Dom CARLOS.

Peuple, qui l'entendez; quelle est donc votre excuse,
Si de votre pouvoir vous souffrez qu'on abuse,
Pour terminer les jours de mortels malheureux,
Qui n'ont en succombant que leur vertu contre eux?
Tous deux, ô cruauté, vont perdre l'existence;
Pour avoir vu le jour dans le sein de la France:
Hé quoi! pour être nés dans un autre pays,
Doivent-ils être moins vos frères, vos amis
S'ils aiment la droiture, & si leur seul envie
Est de venir des fers tirer notre patrie...

Les Peuples de la terre éloignés ou voisins,
Sont tous frères, s'il sont bons, généreux, humains.
Si toujours & par-tout l'esprit qui les anime,
Est l'amour des vertus & la honte du crime.
Ah! depuis trop long-tems, ces Moines assassins,
Dominent en ces lieux, & du sang des humains
Arrosent à grands flots la terre de l'Espagne ;
Les verrons-nous toujours des bras de sa compagne,
Enlever un époux innocent & tremblant :
Les verrons-nous toujours ravir injustement ;
Et le père à son fils & le fils à son père,
Et massacrer l'enfant sur le sein de sa mère ?
Eh! c'est encore un Dieu, qu'on dit plein de bonté,
Qu'ils prennent à témoin de leur attrocité !
Allons, sortons enfin de notre léthargie,
De deux bons Citoyens osons sauver la vie ;
Que le crime périsse, & qu'en ce jour heureux,
Le Peuple de Cadix, libre & victorieux,
Fasse voir aux tyrans, en secouant ses chaînes,
Qu'un sang mâle & plus pur circule dans ses veines ;
Que ce nouvel exemple apprenne à l'univers,
A l'instar de la France, à sortir de ses fers ;
Et montrons à l'Europe à se passer de maître,
En punissant de mort celui qui le veut être.
Exterminons d'abord ces Prêtres criminels,
Renversons pour toujours leurs temples, leurs autels :
Détruisons à jamais cette race féroce,
Leurs idoles, leur culte & leur vain sacerdoce ;
Qu'il n'en échappe aucun ; si tous dans leur fureur
Ont juré notre perte, il faut jurer la leur.
Ici la liberté s'apprête à reparaître,
Oui, mais ce n'est qu'avec la mort du dernier Prêtre.
        UN ESPAGNOL ET LE PEUPLE.
            (Le Peuple ôte les fers des condamnés.)
Vive la liberté !
                Dom LUCE.
            Dieux! on ôte leurs fers !
(Les Soldats mettent bas les armes, & se saisissent des
Inquisiteurs qu'ils enchaînent.

L'ESPAGNOL.

Oui, c'est pour en charger tous ces Moines pervers.

(*A dom Luce.*)

Ton règne est fini:

Dom LUCE.

Ciel!

L'ESPAGNOL, *en montrant dom Carlos.*

Il vient de nous instruire:

Nous avons trop long-tems vécu sous votre empire.
Vous avez abusé de votre autorité;
Mais le Peuple reprend sa souveraineté.
L'esclave devient libre, il ne veut plus de maître,
Et, quand il a juré la mort de tous les Prêtres:
C'est ce bûcher fatal destiné pour vous deux,
Qui sera le tombeau de ces monstres affreux.

Dom GERLE.

C'est fait de nous.

Dom LUCE *d'un air suppliant.*

Eh quoi?...

Dom CARLOS.

Voyez cette ame basse,
Après tant de forfaits, qui demande encor grace.
Il n'en est plus pour toi, plus pour aucuns tyrans;
Nous avons trop souffert, vengeons-nous, il est tems!
Mais, avant que le Peuple, ami de la justice,
Ait légitimement prononcé leur supplice.
Qu'on les conduise aux lieux où la vertu cent fois,
Entra, sans avoir pu faire entendre sa voix:
Dans les fonds des cachots, allez, qu'on les enterre,
Au crime le soleil ne doit plus la lumière.

(*On conduit les Inquisiteurs en prison, & les Moines se sauvent.*)

SCÈNE V & dernière.

Dom RHUM, ROSELLE, RHUM père, PONSIN,
BELIS, PEUPLE, SOLDATS.

ROSELLE.

GÉNÉREUX dom Carlos... vous étiez dans les fers,

Dom CARLOS.

C'était pour vous sauver, ils m'en étaient bien chers.

RHUM tendant la main à dom Carlos.

Touche là, mon ami, comme toi quand on pense,
Va, l'on mériterait d'être né dans la France.
Viens, toi, ma fille, aussi, viens, accours dans mes bras,
Mon fils est ton époux, tu ne le démens pas.

ROSELLE ET Dom RHUM.

Mon père!

RHUM les tenant embrassés.

Mes enfans!

Dom RHUM au Peuple.

Amis, cette journée
Du Peuple de Cadix change la destinée!
Vous étiez sous le joug, vous venez d'en sortir;
Plutôt que d'y rentrer, jurons tous de mourir:
Que le premier de nous qui parlera de maître,
De mort au même instant soit puni comme un traître.
Frappons d'un bras vengeur ces Moines inhumains,
Et qu'eux & tous les Rois périssent de nos mains.
Jurons d'exterminer ces faces criminelles,
Plongeons tous les tyrans dans des nuits éternelles,
Et, s'il faut succomber, périssons sous leurs coups,
Plutôt que de ramper...

TOUS levant les mains au ciel.

Oui, nous le jurons tous.

La toile tombe.

FIN.

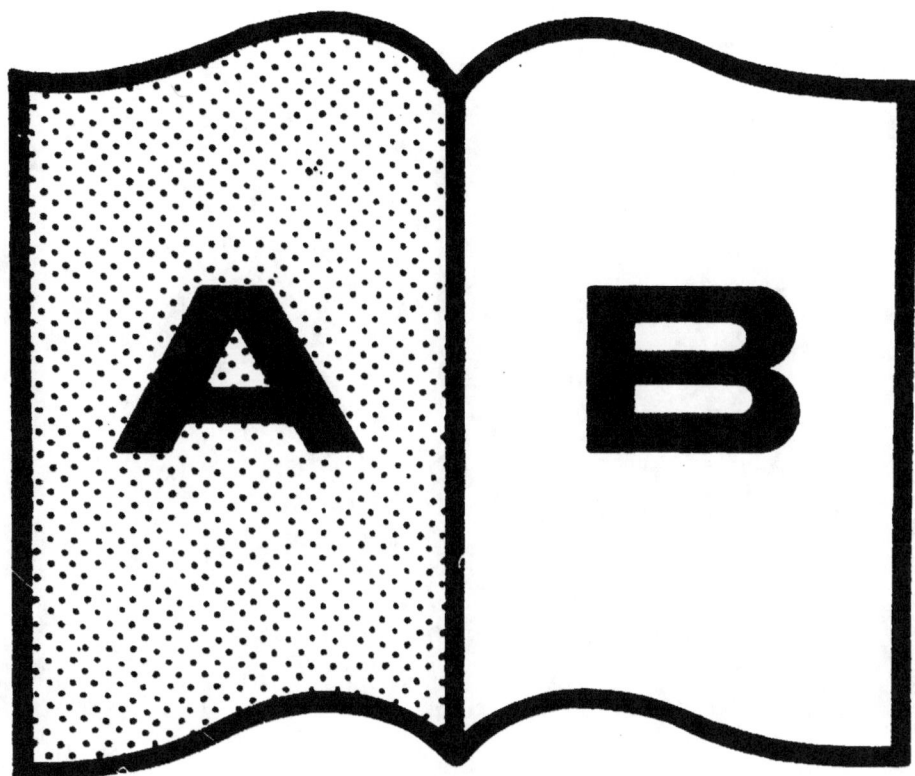

Contraste insuffisant

NF Z 43-120-14